나의 첫 번째
지구 이야기

어린이를 위한 지구의 모든 것

초판 1쇄 발행 2023년 4월 7일
초판 3쇄 발행 2025년 5월 30일

지음 스테파니 만카 쉬틀러
옮김 박은진
펴낸이 박수길
펴낸곳 (주)도서출판 미래지식
편집 김아롬
디자인 design ko

주소 경기도 고양시 덕양구 통일로 140 삼송테크노밸리 A동 3층 333호
전화 02)389-0152
팩스 02)389-0156
홈페이지 www.miraejisig.co.kr
전자우편 miraejisig@naver.com
등록번호 제 2018-000205호

* 이 책의 판권은 미래지식에 있습니다.
* 값은 표지 뒷면에 표기되어 있습니다.
* 잘못된 책은 구입하신 서점에서 바꾸어 드립니다.

ISBN 979-11-91349-73-3 74440
ISBN 979-11-91349-72-6 (세트)

* 미래주니어는 미래지식의 어린이책 브랜드입니다.

나의 첫 번째
지구 이야기

어린이를 위한 지구의 모든 것

스테파니 만카 쉬틀러 지음   박은진 옮김

미래주니어

날마다 놀라움을 선사하고
경외심에 숨을 멎게 하는 아름다운 행성,
지구에 이 책을 바칩니다.

MY FIRST BOOK OF EARTH: All About Our Planet for Kids by Stephanie Schuttler

Copyright © 2022 by Rockridge Press

All images used under lincense from Science Source, Shutterstock & iStock.

Author photo courtesy of Stephanie Schuttler

First Published in English by Rockridge Press, an imprint of Callisto Media, Inc.

All rights reserved.

This Korean edition was published by Miraejisig publishing company in 2023 by arrangement with Callisto Media Inc. through KCC(Korea Copyright Center Inc.), Seoul.

이 책은 (주)한국저작권센터(KCC)를 통한 저작권자와의 독점계약으로 미래지식에서 출간되었습니다.
저작권법에 의해 한국 내에서 보호를 받는 저작물이므로 무단전재와 복제를 금합니다.

이 특별한 책의 주인은

어서 오세요, 지구에 온 것을 환영합니다!

혹시 발밑에 닿는 흙을 느껴봤나요? 맑은 공기를 듬뿍 들이마셨나요? 하늘에 둥실 뜬 솜털 같은 **구름**을 올려다봤나요?

이 모든 것이 하나둘 모여 신기하고도 놀라운 우리의 행성인 지구를 이룬답니다.

행성은 태양 둘레를 빙글빙글 도는 커다란 물체예요.
태양계에는 수성, 금성, 지구, 화성, 목성, 토성, 천왕성, 해왕성 이렇게 여덟 개의 행성이 있어요.

그중 지구는 특별한 행성이랍니다. 우리와 같은 생명체가 사는 행성은 지구밖에 없거든요.

지구는 태양에서 세 번째로 떨어져 있는 행성이에요.
그래서 너무 덥지도, 너무 춥지도 않아요. 지구에는
바다, 호수, 비 같은 물이 있고 땅이 있지요.
지구는 나이가 45억 살이에요. 지구는
사람이 살기 한참 전에 태어났어요.
공룡보다도 나이가 많답니다!

지구 내부 Inside the Earth

지구는 양파처럼 겹겹이 쌓인 층으로 이루어졌어요. 지구의 가장 중심에 있는 층을 **내핵**이라고 해요. 내핵에는 철과 니켈이 딱딱한 **고체** 상태로 있어요.

내핵을 둘러싸고 있는 층을 **외핵**이라고 해요. 외핵도 철과 니켈로 이루어져 있지만, **액체** 상태로 녹아 있답니다.

액체는 자유롭게 흐르고, 담는 그릇에 따라 모양이 달라져요. 고체는 액체와 달리 모양이 바뀌지 않고 그대로 있지요.

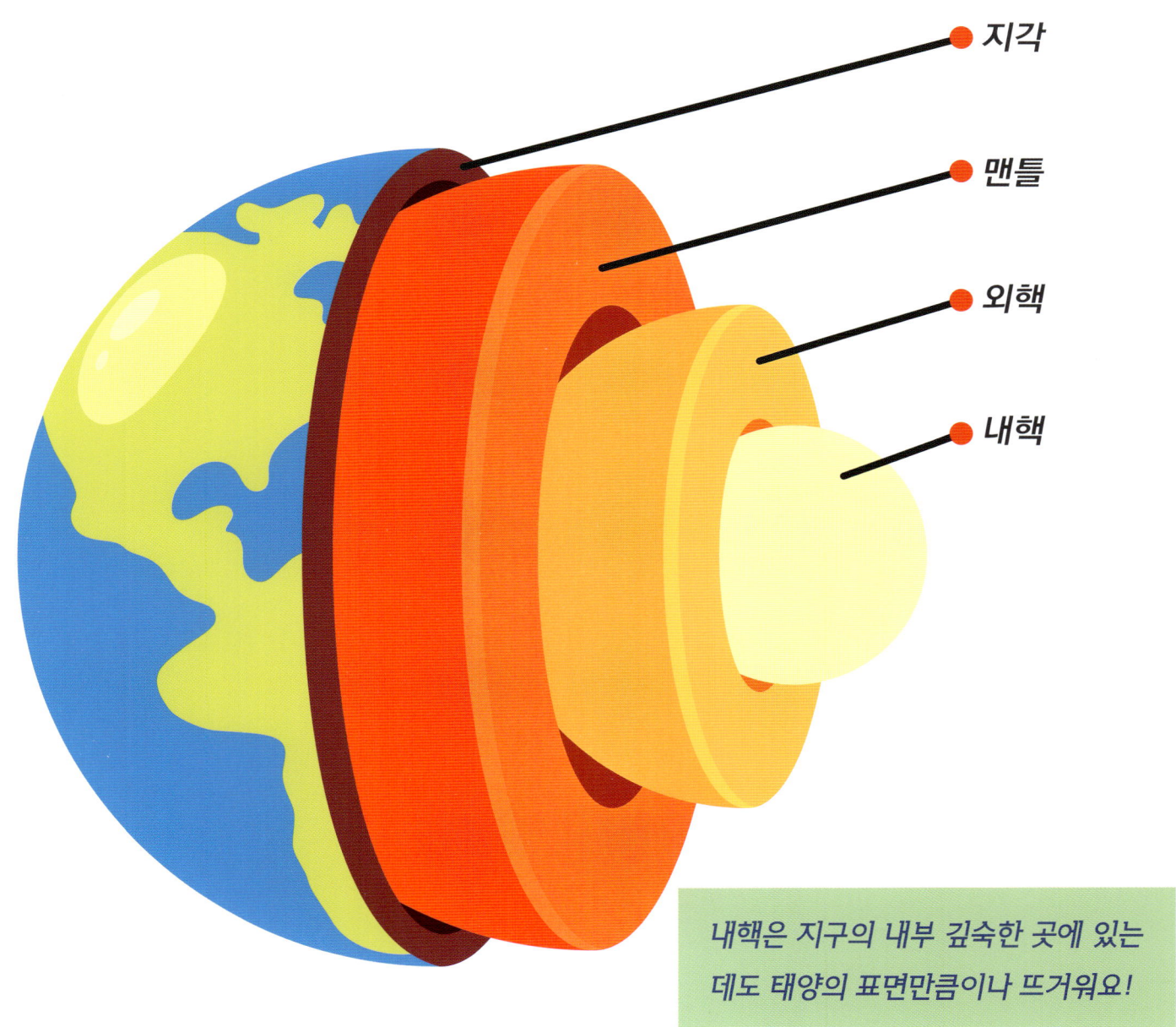

외핵을 감싸는 두꺼운 층을 **맨틀**이라고 해요. 맨틀은 주로 단단한 암석으로 이루어져 있고 엄청 무거워요. 지구 무게의 절반을 훌쩍 넘고도 남아요!

지구의 바깥을 덮고 있는 층을 **지각**이라고 해요. 지각은 지구의 껍데기 층이기 때문에 눈으로 보고 손으로 만질 수 있답니다. 지각층은 두께가 가장 얇고 단단한 암석으로 이루어졌어요.

지구 표면 The Earth's Surface

지구의 지각은 거의 물로 덮여 있어요. 물 위로 군데군데 모습을 드러낸 지각을 땅이라고 해요.

땅은 생김새가 매우 다양해요. 우뚝 솟은 산처럼 생긴 것도 있고, 움푹 파인 골짜기처럼 생긴 것도 있어요. 울퉁불퉁한 땅, 바위투성이의 땅, 거친 데 없이 매끈한 땅, 평평한 땅도 있지요.

산은 땅에서만 볼 수 있는 것이 아니라는 사실을 알고 있나요? 바다에도 산이 있어요. 과학자들이 바다 밑바닥에 길게 뻗은 산맥을 발견했답니다.

사람들은 땅에 살지만, 대부분 지구 표면을 차지하는 것은 물이에요. 호수, 강, 바다가 있는 행성은 지구뿐이랍니다.

지구에는 워낙 물이 많아 '푸른 행성'이라 부르기도 하지요.

우주비행사들이 우주에서 지구를 바라보면 지구가 푸른빛을 띤다고 해요.

육지 Land

육지는 지각의 절반도 차지하지 못해요. 바다에 의해 나누어진 거대한 땅덩어리를 대륙이라고 해요.

지구에는 아프리카, 아시아, 북아메리카, 남아메리카, 오스트레일리아, 유럽, 남극 이렇게 일곱 개의 대륙이 있답니다. 유럽 대륙과 아시아 대륙은 서로 붙어 있어서 한데 묶어 '유라시아'라고 불러요.

아주 먼 옛날에는 대륙이 하나로 합쳐진 어마어마하게 큰 땅덩어리였어요. 시간이 지나면서 일곱 개의 대륙이 조금씩 움직여 오늘날과 같은 모습으로 갈라졌답니다.

지각판은 지구의 지각이 여러 개로 쪼개져 있는 거대한 조각이에요. 지각판 아래에는 높은 온도에 녹아내린 암석이 흐르고 있어요.

대륙은 **판 구조론**을 바탕으로 만들어져요. 시간이 지남에 따라 판들은 아주 천천히 움직여요. 두 지각판이 서로 밀어내면 땅이 솟아올라 산맥을 이룬답니다. 반대로 두 지각판이 서로 멀어지면 밑에 있는 맨틀이 밀려 올라가 새로운 지각이 생겨나요.

화산 Volcanoes

화산은 겉으로 보면 산처럼 보일 수 있지만, 산과는 매우 다른 지형이에요. 화산은 지각에 벌어진 틈새인데, 그곳으로 뜨거운 온도에 녹은 액체 암석, 작고 단단한 암석 덩어리, 수증기가 뿜어져 나와요. 수증기란 **기체** 상태의 물을 뜻해요. 시간이 지나면서 액체 암석은 식으며 고깔 모양을 띠게 된답니다.

화산은 지각에 뚫린 구멍이나 갈라진 틈처럼 보이기도 해요. 심지어 어떤 화산은 바닷속에도 있어요.

뜨거운 액체 암석이 화산 속에 있을 때는 **마그마**라고 하고, 화산 밖으로 솟구쳐 나오면 **용암**이라고 불러요.

나무와 식물 Trees and Plants

식물은 살아 있는 생명체예요. 땅 위를 온통 뒤덮고 있지요. 또 식물은 바닷속에서 자라기도 해요.

식물은 우리에게 매우 중요한 존재예요. 우리는 식물에서 얻은 재료로 종이, 옷, 집 같은 것을 만들어요. 또 식물은 우리가 먹을 음식을 주기도 한답니다.

여러분이 먹는 식물의 이름을 한번 말해 볼까요?

식물은 우리 몸에 필요한 기체인 산소를 준답니다. 햇빛과 이산화탄소라는 기체를 이용해 자신이 먹을 영양분을 만들어 내요. 이때 식물은 산소를 내뿜는데, 이것을 **광합성**이라고 해요.

어떤 곳에는 많은 식물이 서로 바짝 붙어 자란답니다. 열대우림에는 나무가 빽빽하게 들어찬 나머지 울창한 나뭇잎들이 햇빛을 막아 땅에 닿지 못하게 하지요. 초원에는 풀과 꽃이 우거져 흙이 보이지 않을 정도예요.

세계에서 가장 키가 큰 나무는 미국삼나무인 레드우드 나무예요. 키가 어찌나 큰지 집 19채를 차곡차곡 쌓은 것과 맞먹을 정도로 높은 것도 있답니다.

염분이 없는 물인 민물은 땅 위의 모든 강, 개울, 호수에 있는 양보다 땅 밑에 훨씬 많이 있어요.

물 Water

지구 표면의 절반을 넘게 덮고 있는 것은 물이에요. 식물, 동물, 인간과 같은 모든 생명체가 살아가기 위해서는 물이 꼭 필요해요.

물은 종류가 다양해요. **민물**은 호수, 강, 개울, 연못, 습지에 있는 물이에요. 심지어 땅 밑에도 있답니다! 민물은 우리가 마시는 물을 말해요.

민물은 거의 얼어붙어 있어요. 이렇게 많은 양의 얼음덩어리는 엄청나게 추운 지역인 지구의 맨 위쪽과 맨 아래쪽에서 발견된답니다.

또 다른 물로는 **바닷물**이 있어요. 물에 소금이 많이 들어 있어서 '염수', '소금물'이라고도 부르지요. 바닷물은 이름 그대로 대부분 바다에서 발견돼요. 민물에도 소금이 들어 있지만, 바닷물에 훨씬 많이 녹아 있답니다.

바다 Oceans

바다는 지구의 대부분을 덮고 있어요. 지구의 모든 물은 거의 바다에 있지요.

바다는 모두 연결되어 있지만 태평양, 대서양, 인도양, 남극해, 북극해 이렇게 다섯 개의 바다로 구분한답니다.

바다는 매우 중요한 일을 해요. 태양에서 받은 열을 빠져나가지 못하게 붙들고, 전 세계 곳곳을 돌면서 지구를 따뜻하게 유지해요.

우리는 바다에서 산소를 얻어요. 바닷속에 사는 작은 식물들이 우리가 숨을 쉴 때 들이마시는 산소를 만들어 내는데, 그 양이 전체 산소의 절반을 훌쩍 넘어요.

우리는 바다에서 음식도 얻는답니다. 수많은 동물이 바다를 자신의 보금자리로 여기고 살아요.

바다에 대해 배울 것은 아직도 정말 많아요. 우리는 바다의 밑바닥보다 오히려 **달**의 표면에 대해 더 많이 알고 있다니까요!

지구 역사를 통틀어 몸집이 가장 큰 동물은 대왕고래예요. 바다에 사는 대왕고래는 공룡보다 덩치가 크답니다.

대기 The Atmosphere

대기란 눈에는 보이지 않지만, 지구를 둘러싸고 있는 기체층으로 '공기'라고도 해요. 기체는 담는 그릇에 따라 모양이 변하고, 그릇을 가득 채우는 성질이 있어요.

대기에는 우리가 식물에서 얻는 산소가 있으며, 또 다른 기체로는 질소가 있어요. 질소는 대기에서 가장 큰 부분을 차지한답니다.

지구의 대기는 땅에서 시작해 우주 공간까지 퍼져 있어요. 대기에는 다섯 개의 층이 있는데 대류권, 성층권, 중간권, 열권, 외기권으로 나눠요. 지구에서 가장 가까운 층이 대류권이랍니다.

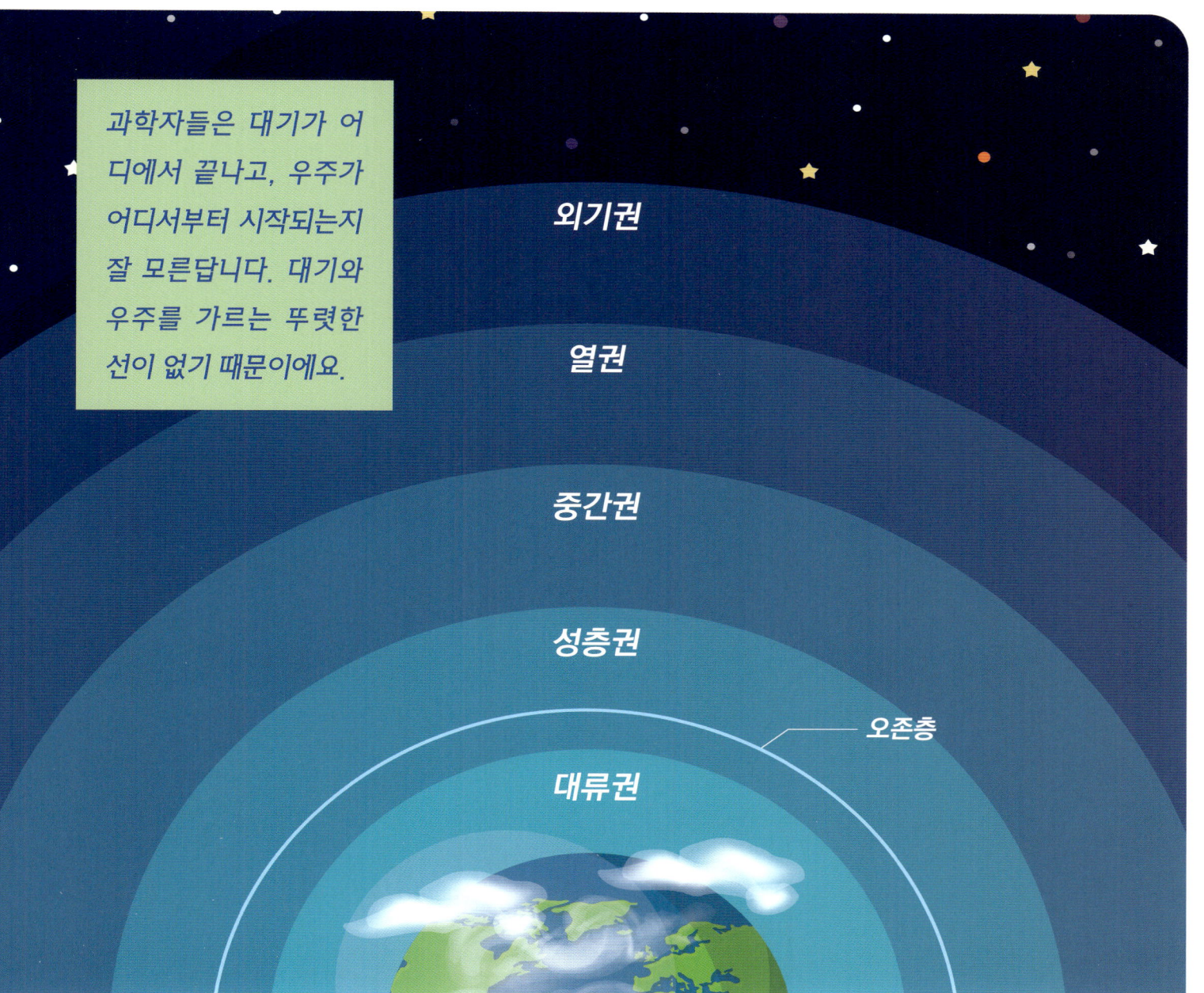

과학자들은 대기가 어디에서 끝나고, 우주가 어디서부터 시작되는지 잘 모른답니다. 대기와 우주를 가르는 뚜렷한 선이 없기 때문이에요.

지구의 대기는 여러모로 중요해요. 대기는 태양에서 받은 열을 가두어 지구가 낮에는 너무 덥지 않고, 밤에는 너무 춥지 않게 해준답니다. 대기에서 비나 눈 같은 **날씨**가 만들어져요.

대기는 우주 공간을 떠돌던 **유성체**라는 바윗덩어리가 지구로 날아들지 못하도록 막아 주기도 해요. 유성체는 지구를 향해 빠른 속도로 날아와 대기에 부딪히는데, 이때 속도가 줄어들면서 뜨겁게 타 버려요. 이렇게 대기는 수많은 유성체가 지구로 떨어지는 것을 막아 준답니다.

오존층 The Ozone Layer

성층권에는 **오존층**이라는 기체층이 있어요. 오존층은 동물, 식물, 다른 생물체를 태양으로부터 보호해 줘요.

태양은 매우 뜨겁고 강한 빛을 내보낸답니다. 오존층은 이렇게 해로운 빛을 막아 주는 보호막 역할을 해요. 오존층이 없다면, 태양은 사람의 피부와 눈을 다치게 할 수 있어요.

예전에는 사람들이 안전하지 않은 화학물질을 마구 사용하는 바람에 오존층에 커다란 구멍이 생겼어요. 오늘날에는 사람들이 그런 화학물질을 적게 사용해서 구멍의 크기가 작아졌답니다.

지구의 궤도 The Earth's Orbit

태양이 밤에 어디로 가는지 궁금한 적이 있나요?

우리가 느끼지는 못하지만, 지구는 끊임없이 빙글빙글 돌고 있어요. 지구가 돌면서 태양을 마주 보는 면은 낮이 되고, 그 면이 태양에서 멀어지면 밤이 된답니다. 지구는 하루에 한 바퀴씩 빙그르르 돌아요.

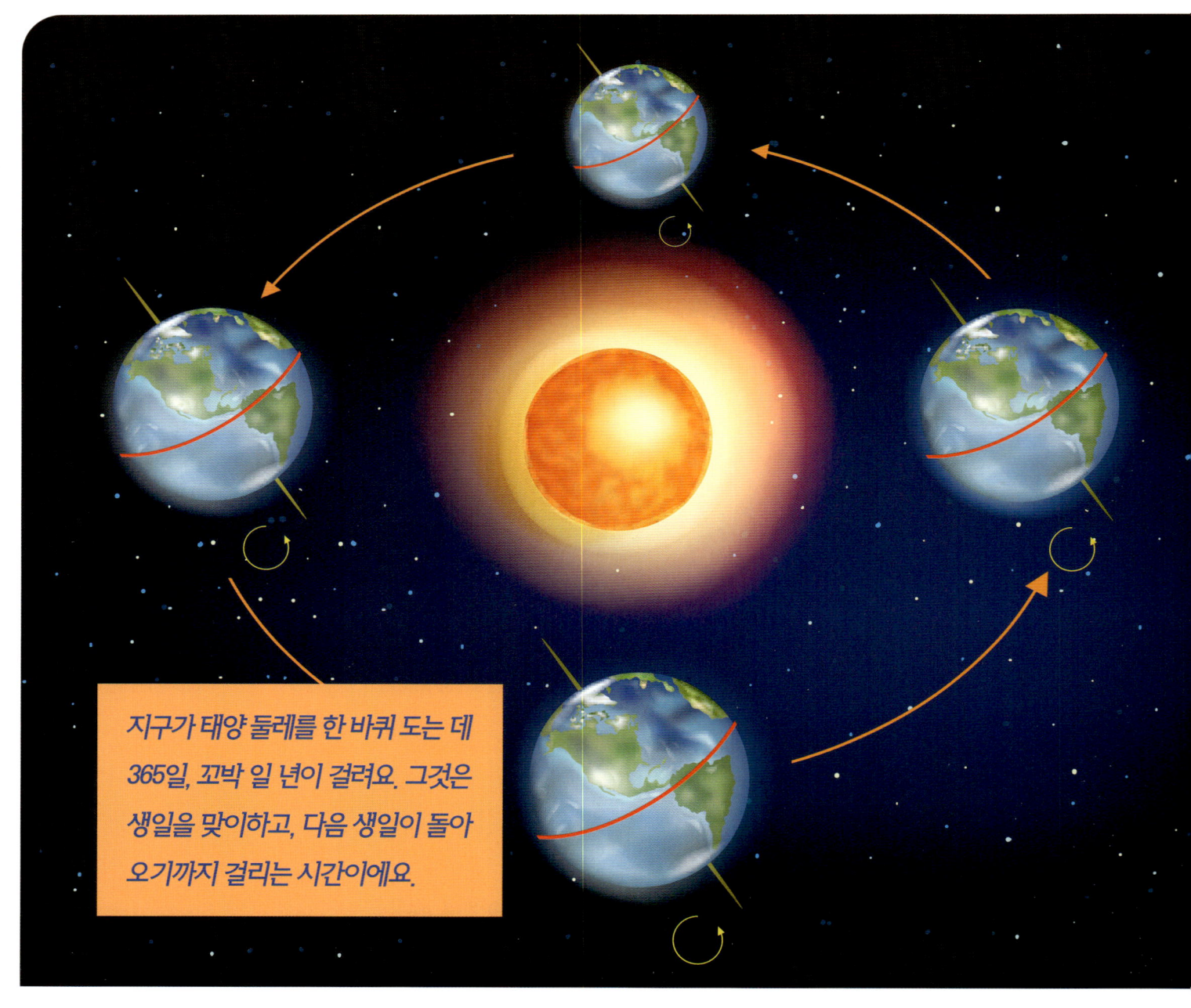

궤도란 우주에서 한 물체가 다른 물체의 둘레를 돌면서 따라가는 길을 말해요. 지구는 납작한 원을 그리며 태양 둘레를 돌지요.

　　태양을 돌 때 지구는 한쪽으로 기울어져 있어요. 일 년 중 얼마간 태양을 마주 보는 지역은 따뜻해요. 시간이 지나고, 그 지역이 태양에서 멀어질수록 점점 추워지지요. 그래서 봄, 여름, 가을, 겨울 사계절이 나타나는 거예요.

달 The Moon

밤에는 하늘에 떠 있는 또 다른 커다란 물체, 바로 달을 볼 수 있어요!

달은 시간에 따라 모양이 바뀌는 것처럼 보여요. 어떤 때는 둥근 보름달로 보였다가 어떤 때는 반달로 보이기도 하지요. 감쪽같이 사라져 보이지 않을 때도 있답니다. 달은 어떻게 모양을 바꿀 수 있을까요?

달이 지구 둘레를 도는 데 걸리는 시간은 지구가 태양을 도는 데 걸리는 시간보다 훨씬 짧아요. 지구가 태양 둘레를 한 바퀴 도는 동안에 달은 지구를 13번 넘게 돌 수 있어요.

태양과 달은 이 그림에서 보이는 것보다 지구에서 훨씬 멀리 떨어져 있어요.

달은 모양을 바꾸지 않는답니다. 우리가 보는 것은 태양 빛이 달에 비치는 부분이에요. 달이 지구 둘레를 돌 때 태양 빛을 받는 부분이 달라져요.

달이 지구와 태양 사이에 놓이는 순간, 달이 태양 빛을 등지고 있어 우리는 빛을 받는 달의 뒷면을 볼 수 없어요. 하지만 달이 궤도를 돌면 달의 다른 부분이 빛난답니다. 그래서 하늘에 뜬 달이 우리 눈에 다양한 모양으로 보이는 거예요.

조수 Tides

중력이란 물체를 서로 가까이 끌어당기는 보이지 않는 힘이에요. 달의 중력은 지구의 바다를 끌어당겨요. 이 힘은 바다에서 위아래로 출렁이는 길고 거대한 파도를 일으키는데, 이것을 **조수**라고 불러요. 해변에서 물결치는 모습을 보면, 바닷물이 천천히 들어왔다 나가는 듯하지요. 이것을 밀물과 썰물이라고 해요.

밀물은 바닷물이 해변에 밀려 들어와 차오를 때를 말하고, 썰물은 바닷물이 빠져나가 해변이 물 밖으로 많이 드러날 때를 말한답니다.

태양의 중력도 조수를 만들어요. 하지만 달이 태양보다 지구와 훨씬 가까이 있어서 조수에 더 강한 영향을 줘요.

지구의 어떤 지역은 일 년 내내 덥거나 추운 기후만 계속돼요. 그 이유는 태양 빛이 그 지역에 닿는 방식 때문이에요.

기후 Climate

어떤 지역이 얼마나 덥거나 추운지, 비가 얼마나 오는지, 눈이 얼마나 내리는지, 바람이 얼마나 부는지 오랜 기간에 걸쳐 나타난 날씨의 변화를 **기후**라고 해요.

지구는 하루도 거르지 않고 늘 같은 방향으로 빙빙 돌아요. 지구의 맨 위쪽과 맨 아래쪽은 언제나 태양에서 멀찍이 떨어져 있어요. 그래서 이 지역들은 추운 기후랍니다.

인간은 공장을 돌리고 자동차와 비행기를 타면서 대기 중에 이산화탄소를 지나치게 많이 내보냈어요. 대기에 이산화탄소를 계속해서 내보내면 기온이 높아져요. 이것은 기후를 변화시키고 전 세계의 환경에 영향을 끼친답니다.

지구의 한가운데는 항상 태양을 정면으로 바라보고 있어요. 그래서 지구의 중간 지역에서는 대체로 더운 기후가 나타나요.

지구의 양쪽 끝과 중간 부분 사이에 자리한 수많은 지역은 일 년 동안 시기에 따라 더운 기후와 추운 기후가 번갈아 가며 나타날 거예요. 이렇게 기후가 변하는 것을 '계절'이라고 해요.

계절은 일 년에 걸쳐 바뀌는데, 매년 비슷한 시기에 똑같은 순서로 돌아온답니다.

과학자들은 날씨를 예측하기 위해 많은 도구를 사용해요. 컴퓨터와 열기구를 사용하고, 심지어 로봇을 우주로 보내기도 한답니다!

날씨 Weather

날씨란 대기에서 느껴지고 보이는 것을 말해요.

날씨는 비, 눈, 구름, 바람, 더위, 추위 같은 대기의 상태예요. 날씨는 짧은 시간 동안 일어나기 때문에 기후와 달라요. 날씨는 단 몇 분 만에 바뀔 수 있어요. 햇빛이 쨍쨍하다가도 어느 순간 비가 주룩주룩 내릴 수도 있답니다.

열은 날씨를 어떻게 만들까요?

태양이 지구를 따뜻하게 할 때, 대기는 열을 조금 가두고 있어요. 대기는 태양 빛을 바로 받기 때문에 지구의 중간 부분이 가장 따뜻하지요.

대기는 한곳에 머무르지 않고 이동해요. 대기가 이동할 때는 열의 일부도 함께 움직인답니다. 이렇게 해서 날씨가 변하기도 해요.

바다는 육지보다 더 많은 열을 받아들이고 빠져나가지 못하게 막고 있어요. 바다는 오랜 시간에 걸쳐 열을 내보내고, 지구가 너무 추워지지 않게 해요.

우리 주변의 공기에도 무게가 있다는 사실을 알고 있나요? 비록 우리가 느끼지는 못하지만, 공기는 닿는 것마다 무게로 누르고 있어요.

기압은 날씨를 어떻게 만들까요?

중력이 공기를 짓누를 때 **기압**이 생겨요. 기압은 날씨를 변화시킬 수 있답니다.

따뜻한 공기는 가벼워서 차가운 공기 위로 올라가지요. 이때 기압이 낮아져요. 기압이 낮으면 보통 날씨가 흐리고 비가 내려요.

따뜻한 공기가 식어서 차가워지면 아래로 내려오기 때문에 기압이 높아져요. 기압이 높으면 날씨가 건조하고 맑아요.

습기는 날씨를 어떻게 만들까요?

공기와 물체는 **습기**라고 부르는 아주 적은 양의 물을 붙잡고 있어요.

공기가 머금은 습기는 거의 바다에서 왔어요. 태양이 바다를 따뜻하게 하면, 약간의 물이 공기 중으로 올라가요. 공기가 물을 많이 품을 때 비나 눈이 내린답니다.

차가운 공기와 따뜻한 공기는 습기를 머금는 양이 서로 달라요. 공기가 차가울수록 습기가 적고, 공기가 따뜻할수록 습기가 많아요.

안개 속을 걸어본 적 있나요? 그렇다면 구름 속을 거닐었던 셈이에요! 안개는 땅에 닿아 있는 구름이거든요.

구름 Clouds

공기 중에는 먼지처럼 눈에 보이지 않는 작은 것들이 떠 있어요. 이런 먼지들은 **수증기**가 달라붙을 공간을 내주어 작은 물방울이나 얼음 알갱이를 만들어요. 이렇게 수많은 물방울과 얼음 알갱이가 한데 모여서 구름이 되지요.

구름은 모양, 크기, 색깔이 저마다 다르답니다. 고개를 들어 하늘에 떠 있는 구름을 올려다보세요. 구름이 어떻게 생겼나요?

고마운 지구

지구는 우리를 돌봐주기 때문에 우리도 지구를 보살피고 챙기면서 고마워해야 해요. 우리는 쓰레기를 줍고, 물을 아껴 쓰고, 물건을 적게 사고, 나무를 심는 방법으로 지구를 보호할 수 있답니다.

여러분은 오늘 어떤 방법으로 지구에 고마운 마음을 전할 수 있을까요?

고체: 모양이 변하지 않는 단단한 상태

광합성: 식물이 햇빛, 물, 이산화탄소를 이용해 에너지로 바꾸는 과정

구름: 물방울이나 얼음 알갱이가 한데 뭉쳐진 것

궤도: 지구가 태양을 중심으로 도는 것처럼 우주에서 한 물체가 다른 물체의 둘레를 돌면서 따라가는 길

기압: 공기가 표면을 누르는 힘

기체: 담는 그릇에 따라 모양이 변하고 그릇을 항상 가득 채우는 것

기후: 어떤 지역에서 오랜 시간에 걸쳐 나타난 날씨의 평균

날씨: 특정한 시간과 장소에서 덥고, 춥고, 바람이 불고, 눈이 내리고, 비가 오는 대기의 상태

내핵: 지구 내부의 가장 깊숙한 층으로, 주로 고체 상태의 철과 니켈로 이루어진 것

달(위성): 행성 둘레를 도는 물체

대기: 지구 주위를 둘러싸고 있는 기체층

마그마: 지각 아래에서 높은 온도에 녹아내린 매우 뜨거운 액체 암석

맨틀: 지각 바로 아래에 있는 가장 두꺼운 층으로, 고체 암석과 액체 암석으로 이루어진 것

민물: 강이나 호수, 개울처럼 소금이 거의 없는 물

바닷물: 소금이 많이 들어 있고 대부분 바다에서 발견되는 물

수증기: 기체 상태의 물

습기: 매우 적은 양의 액체

액체: 자유롭게 흐르고, 담는 그릇에 따라 모양이 달라지는 것

오존층: 생명체를 태양의 해로운 빛으로부터 보호하는 대기의 한 부분

외핵: 내핵을 둘러싸고 있는 층으로, 주로 액체 상태의 철과 니켈로 이루어진 것

용암: 화산의 틈새를 뚫고 지구의 표면으로 솟구쳐 나온 엄청 뜨거운 액체 암석

유성체: 우주 공간에서 태양 둘레를 도는 행성보다 작은 암석

조수: 달과 태양의 중력으로 바다를 출렁이게 하는 길고 거대한 파도

중력: 물체가 서로 끌어당기는 보이지 않는 힘

지각: 지구의 바깥을 덮고 있는 부분으로, 암석으로 이루어진 층

지각판: 지구의 지각과 맨틀의 윗부분으로 이루어진 거대한 조각

태양계: 태양과 그 둘레를 도는 여덟 개의 행성과 그 행성들의 둘레를 도는 달(위성)들, 그리고 암석, 먼지, 얼음으로 이루어진 작은 물체들을 모두 뜻하는 말

판 구조론: 지구 표면의 거대한 판들이 시간의 흐름에 따라 천천히 이동하면서 지형을 만드는 과정

행성: 우주 공간에서 태양을 중심으로 도는 커다란 물체

화산: 용암, 화산재, 기체가 뿜어져 나오는 지각의 갈라진 틈

지은이

스테파니 만카 쉬틀러 박사

스테파니 만카 쉬틀러 박사는 생물학자, 작가, 기업가 겸 과학 커뮤니케이터예요. 그녀는 전 세계 곳곳을 종횡무진 누비며 콩알만 한 밀가루 딱정벌레부터 아프리카 열대우림에 사는 둥근귀코끼리에 이르기까지 다양한 종을 연구해 왔어요. 또 그녀는 '상식을 뛰어넘는 과학자들(Fancy Scientist, LLC)'이라는 회사를 설립해 운영하는데, 그곳에서 야심에 찬 야생동물 생물학자들을 지도하고, 야생동물에 관한 과학적 연구와 사람들에게 야생동물의 보존에 대해 가르쳐요.

옮긴이

박은진

부산대학교에서 심리학과 불문학을 공부했어요. 오랜 기간 입시 영어를 가르치다가 글밥 아카데미를 수료하고, 현재 바른번역 소속 번역가로 활동하고 있어요. 옮긴 책으로 《로드마크》, 《내가 글이 된다면》 등이 있어요.

나의 첫 번째 과학 이야기

나의 첫 번째
행성 이야기

태양계 각 행성의 특징과 크기, 태양까지 거리, 표면의 모습 주변을 도는 달의 수까지 신비로운 우주의 모습을 관찰할 수 있다.

브루스 베츠 지음 | 조이스 박 옮김 | 72쪽

나의 첫 번째
지구 이야기

우주에서 바라보는 지구의 모습을 관찰하고, 지구의 내부와 표면에 나타나는 여러 현상을 통해 경이로운 자연의 신비를 엿본다.

스테파니 만카 쉬틀러 지음 | 박은진 옮김 | 72쪽

나의 첫 번째
바다 생물 이야기

산초초부터 거대한 고래까지 바다에서 사는 생물들을 자세히 알아보고 생생한 사진과 설명을 통해 해양동물에 대한 호기심을 키운다.

진저 L. 클라크 지음 | 박은진 옮김 | 72쪽

나의 첫 번째
공룡 이야기

아주 먼 옛날 지구의 주인이었던 공룡들의 멋진 모습과 신기하고 재미있는 그들의 모습을 친근감 있는 일러스트와 함께 만나본다.

에린 워터스 지음 | 아날리사·마리나 두란테 그림 | 박은진 옮김 | 72쪽

나의 첫 번째
상어 이야기

거대한 백상아리와 긴코톱상어 등 전 세계 상어를 생생한 사진으로 마음껏 관찰하며, 상어의 특성과 놀라운 진실도 함께 찾아본다.

버즈 비숍 지음 | 박은진 옮김 | 72쪽

계속 출간될 예정이에요!